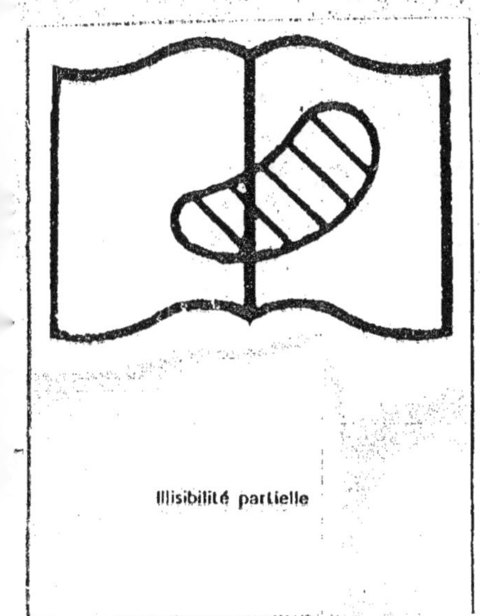

Illisibilité partielle

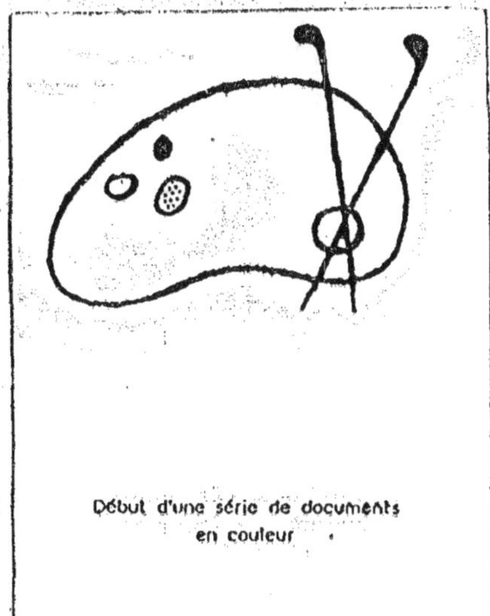

Début d'une série de documents
en couleur

LA
PHILOSOPHIE DE KANT

EN FRANCE

DE 1773 A 1814

INTRODUCTION A UNE NOUVELLE TRADUCTION

DE

LA CRITIQUE DE LA RAISON PRATIQUE

PAR

F. PICAVET

Agrégé de philosophie.

* * *

PARIS

ANCIENNE LIBRAIRIE GERMER BAILLIÈRE ET Cⁱᵉ

FÉLIX ALCAN, ÉDITEUR

108, BOULEVARD SAINT-GERMAIN, 108

1888

COLLECTION HISTORIQUE DES GRANDS PHILOSOPHES

PHILOSOPHIE ALLEMANDE

KANT. **Critique de la raison pure**, trad. par M. Tissot. 2 vol. in-8 . . . . 16 fr.
— Même ouvrage, traduction par M. Jules Barni. 2 vol. in-8 . . . . 16 fr.
— **Eclaircissements sur la critique de la raison pure**, trad. par M. Tissot. 1 vol. in-8 . . . . . . 6 fr.
— **Critique de la raison pratique**, trad. par M. F. Picavet. 1 vol. in-8. 6 fr.
— **Principes métaphysiques du droit**, suivis du *projet de paix perpétuelle*, traduction par M. Jules Barni. 1 vol. in-8 . . . . 8 fr.
— **Principes métaphysiques de la morale**, augmentés des *fondements de la métaphysique des mœurs*, traduct. par M. Tissot. 1 vol. in-8. 8 fr.
— Même ouvrage, traduction par M. Jules Barni. 1 vol. in-8 . . . . 8 fr.
— **La logique**, traduction par M. Tissot. 1 vol. in-8 . . . . 4 fr.
— **Mélanges de logique**, traduction par M. Tissot. 1 vol. in-8 . . . . 6 fr.
— **Prolégomènes à toute métaphysique future** qui se présentera comme science, traduction de M. Tissot. 1 vol. in-8 . . . . 6 fr.
— **Anthropologie**, suivie de divers fragments relatifs aux rapports du physique et du moral de l'homme, et du commerce des esprits d'un monde à l'autre, traduction par M. Tissot. 1 vol. in-8 . . . . 6 fr.
FICHTE. **Méthode pour arriver à la vie bienheureuse**, traduit par Fr. Bouillier. 1 vol. in-8 . . . . 8 fr.
— **Destination du savant et de l'homme de lettres**, traduct. par M. Nicolas. 1 vol. in-8 . . . . 3 fr.
— **Doctrines de la science.** Principes fondamentaux de la science de la connaissance. 1 vol. in-8 . . . 9 fr.
HEGEL. **Logique**, traduction par A. Véra. 2ᵉ édition. 2 vol. in-8 . . . . 14 fr.
— **Philosophie de la nature**, traduction par A. Véra. 3 volumes in-8 . . . . 25 fr.
— **Philosophie de l'esprit**, traduction Véra. 2 vol. in-8 . . . . 18 fr.
— **Philosophie de la religion**, traduction par A. Véra. Tomes I et II . . . . 20 fr.
— **La poétique**, trad. par Ch. Bénard. Extraits de Schiller, Gœthe, Jean-Paul, etc., et sur divers sujets relatifs à la poésie. 2 vol. in-8 . . . . 12 fr.
— **Esthétique**, 2 vol. in-8, traduct. par M. Bénard . . . . 16 fr.

PHILOSOPHIE ANCIENNE

ARISTOTE (Œuvres d'), traduction de M. Barthélemy-Saint-Hilaire.
— **Psychologie**, (Opuscules), trad. en français et accompagnée de notes. 1 vol. in-8 . . . . 10 fr.
— **Rhétorique**, trad. en français et accompagnée de notes. 2 vol. in-8. 16 fr.
— **Politique**, 1 vol. in-8 . . . . 10 fr.
— **Traité du ciel**, trad. en français pour la première fois. 1 fort vol. gr. in-8. 10 fr.
— **La métaphysique d'Aristote.** 3 vol. in-8 . . . . 30 fr.
— **Traité de la production et de la destruction des choses**, trad. en français et accomp. de notes perpétuelles. 1 vol. gr. in-8 . . . . . 10 fr.
— **De la logique d'Aristote**, par M. Barthélemy-Saint-Hilaire. 2 vol. in-8 . . . . 10 fr.
SOCRATE. **La philosophie de Socrate**, par M. Alf. Fouillée. 2 vol. in-8 . . . . 16 fr.
PLATON. **La philosophie de Platon**, par M. Alfred Fouillée. 2 vol. in-8. 16 fr.
— **Etudes sur la Dialectique dans Platon et dans Hegel**, par M. Paul Janet. 1 vol. in-8 . . . . 6 fr
ÉCOLE D'ALEXANDRIE. **Histoire de l'École d'Alexandrie**, par M. Barthélemy-Saint-Hilaire. 1 v. in-8. 6 fr
MARC-AURÈLE, **Pensées de Marc-Aurèle**, trad. et annotées par M. Barthélemy-Saint-Hilaire. 1 vol. in-18. 4 fr. 50
— **Histoire de la philosophie, antiquité et moyen âge**, par Joseph Faure. 1 vol. in-18 . . . . 3 fr. 50
— **Essai sur le Système philosophique des Stoïciens**, par F. Ogereau. 1 vol. in-8 . . . . 5 fr.

PHILOSOPHIE MODERNE

LEIBNIZ. **Œuvres philosophiques**, avec introduction et notes par M. Paul Janet. 2 vol. in-8 . . . . . . 16 fr.
MALEBRANCHE. **La philosophie de Malebranche**, par M. Ollé-Laprune. 2 vol. in-8 . . . . 16 fr.
DAMIRON, **Mémoire pour servir à l'histoire de la philosophie au XVIIIᵉ siècle.** 3 vol. in-8 . . 15 fr.
MAINE DE BIRAN, **Essai sur sa philosophie**, suivi de fragments inédits, par Jules Gérard. 1 fort vol. in-8. 10 fr

PHILOSOPHIE ÉCOSSAISE

DUGALD STEWART. **Éléments de la philosophie de l'esprit humain**, trad. de l'anglais par L. Peisse. 3 vol. in-12 . . . . 9 fr.
BERKELEY. **Sa vie et ses œuvres**, par Penjon. 1 vol. in-8 . . . 7 fr. 50

Coulommiers. — Imp. P. Brodard et Gallois.

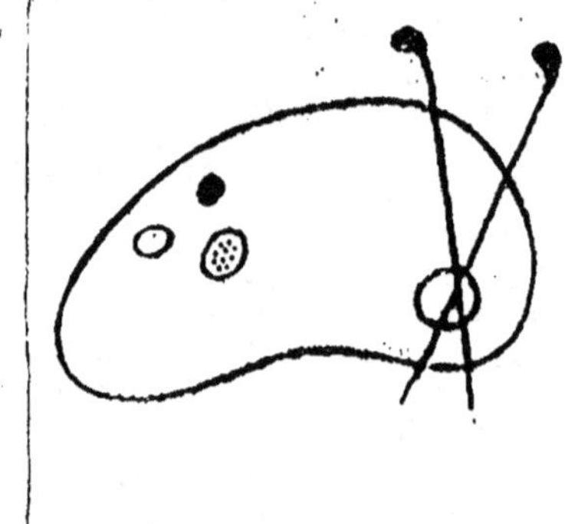

Fin d'une série de documents
en couleur

AVANT-PROPOS

En donnant, cent ans après la première édition de la Critique de la raison pratique, une nouvelle traduction française d'un ouvrage qui a, surtout depuis un demi-siècle, occupé les moralistes, il nous a semblé convenable de rechercher comment s'est introduite en France la philosophie de Kant. C'est une opinion généralement accréditée [1] que, seuls avant Cousin et son école, Villers, en 1801, et Mme de Staël en 1813, auxquels on ajoute quelquefois Degérando, avaient tenté de la faire connaître. Une lecture attentive des ouvrages philosophiques qui ont paru de 1789 à 1815, des découvertes heureuses dues au hasard, des écrits inédits gracieusement mis à notre disposition, nous ont fait adopter une opinion diamétralement opposée.

I

Il faut se rappeler d'abord que Strasbourg avant, pendant et après la Révolution, était un centre intellectuel où l'on

[1] Voyez V. *Cousin*, Philosophie de Kant; *Paul Janet*, V. Cousin et son œuvre; *J. Barni*, Critique du jugement, avant-propos; *Willm*, Histoire de la philosophie allemande depuis Kant jusqu'à Hegel *Sainte-Beuve*, Portraits contemporains (Fauriel, p. 153 et 172), etc.

KANT, Cr. de la rais. prat.   *a*

étudiait toutes les œuvres importantes qui paraissaient de
l'un et de l'autre côté du Rhin, où des étudiants allemands
se rencontraient avec des étudiants français, où le futur con-
ventionnel Grégoire eût pu discuter avec Goethe le Système
de la nature. Avant la Révolution, Kant y était connu et ses
travaux cités fréquemment dans les thèses. Dès 1773, Wal-
ther, dans une thèse à laquelle présidait Müller, nommait,
avec Bacon et son immortel ouvrage, avec Descartes qui
tient le premier rang entre les restaurateurs de la philosophie,
avec Locke et A. Smith, avec Berkeley et Hume, Kant et sa
Dissertation sur la forme et les principes du monde sensible
et du monde intelligible, qui contient déjà, comme on sait,
quelques-unes des idées fondamentales de sa philosophie
définitive et qui ne date que de 1770. La même année, dans
un ouvrage de ce genre, Lutz, qui faisait de Bonnet un pom-
peux éloge, mentionnait une autre dissertation de Kant sur
le seul fondement possible d'une démonstration de l'existence de Dieu. En 1775, la Dissertation inaugurale de Kant
est encore citée, par Juncker, à côté des ouvrages de Bonnet,
de Garve, de Maupertuis, de d'Holbach, de Hume et de War-
burton. Il est naturel que les maîtres qui appelaient ainsi
l'attention de leurs élèves sur des productions de Kant rela-
tivement peu importantes, aient étudié avec soin la Critique
de la raison pure, la Critique de la raison pratique, qui paru-
rent avant la Révolution et même la Critique du jugement,
qui est de 1790. On sait d'ailleurs que c'est seulement vers
1786 ou 1787 que, grâce surtout à Reinhold, l'attention fut
appelée en Allemagne sur la philosophie de Kant. De 1789 à
1794 se produisirent en France les prodigieux événements
qui firent une impression si profonde sur les penseurs de
tous les pays [1], qui amenèrent Kant lui-même à déroger
à des habitudes devenues pour lui une seconde nature [2],
occupèrent entièrement ceux qui auraient pu s'intéresser
aux doctrines nouvelles et qui auraient justement dit de
l'époque tout entière ce que Sieyès disait de la Terreur.
Deux mois après la chute de Robespierre, le 27 septem-

[1] Voyez le Mémoire de H. Carnot, lu à l'Institut par M. Jules Simon.
[2] Voyez la note 12, à la fin de ce volume.

bre 1794, Müller, le professeur dont nous avons déjà parlé,
écrit à Grégoire que la philosophie de Kant, encore inconnue
en France, mérite d'y être transplantée. Puis, quinze jours
plus tard (12 octobre), répondant à Grégoire, qui avait désiré
que Blessig ou Müller s'essayassent sur une esquisse de la
philosophie critique, ce dernier écrivait qu'il fallait à la
France une philosophie spéculative établie sur des bases qui
résistent à l'athéisme, au matérialisme, au scepticisme, qui
soit capable de détruire le règne du Système de la nature et
de tous ceux qui tendent à avilir la nature humaine. Il insistait, après Reinhold, sur les appuis immuables que le
kantisme prête aux dogmes de l'existence et des attributs
de Dieu, de l'immortalité de l'âme, et aux vrais fondements
de la morale, interprétant ainsi le criticisme tout autrement
que Cousin et comme le comprennent à peu près aujour-
d'hui M. Renouvier et ses disciples. Il se préparait en même
temps à entreprendre la tâche que lui avait proposée Grégoire.
Müller meurt en février 1795, son ami Blessig apprend, par
les papiers publics, que Sieyès veut faire connaître le système de Kant et il écrit à Grégoire, en avril 1796, qu'il craint
qu'on ne trouve en Kant, si l'on ne saisit pas bien son raisonnement dans l'ensemble, un patriarche du scepticisme
et même de l'athéisme, que, par conséquent, il faudrait à
l'ouvrage une introduction bien serrée pour les principes et
bien intelligible. Il serait bon, en outre, d'y joindre un précis
de l'ouvrage que Kant a donné sur la religion chrétienne [1].
Pour en finir avec Blessig, rappelons encore une lettre de
1810, où considérant surtout les écoles de Kant, de Fichte
et de Schelling, il voit dans leurs doctrines le panthéisme
tout pur, se plaint que les idées qui ont pour objet d'extir-
per les penchants au lieu de les subordonner à la loi morale,
se sont introduites chez les théologiens protestants, dans des

[1] Ces lettres paraîtront dans la *Revue philosophique* de juillet 1888.
Nous prions M. Gazier, qui a bien voulu nous les communiquer, et
M. Ribot, qui nous a permis de les utiliser avant leur apparition,
d'agréer tous nos remerciements. Nous avons encore à remercier
M. Gazier de nous avoir communiqué les thèses dans lesquelles nous
avons puisé les indications précédentes.

universités et monastères catholiques, surtout chez les béné-
dictins, et se croit obligé de les combattre dans une lettre
pastorale dont il envoie un exemplaire à Grégoire.

II

La philosophie de Kant était, par d'autres voies encore,
proposée à l'examen des penseurs français. Il y aurait lieu de
mettre successivement en relief les indications que pouvaient
leur fournir les publications de l'Académie de Berlin, les
travaux des philosophes qui, en Suisse, écrivaient en langue
française, ceux des Français qui, traducteurs ou commenta-
teurs, avaient entrepris de faire connaître à leurs compa-
triotes la philosophie de Kant, soit pour la combattre, soit
pour en recommander l'adoption. Mais nous serions ainsi
exposé à des redites, ce qui nous arriverait également d'ailleurs si nous voulions exclusivement suivre l'ordre chro-
nologique. Nous préférons donc exposer, en donnant toujours
des indications chronologiques très précises, d'une manière
un peu plus libre, les essais tentés pour faire connaître aux
philosophes français les travaux de Kant.

En 1793, Mérian, dans un Mémoire sur le phénoménisme
de Hume, avait exposé et combattu la « philosophie réfor-
matrice du grand philosophe de Kœnigsberg », en 1797,
il donnait un Parallèle historique des deux philosophies
nationales, celle de Wolf et celle de Kant. Tout en recon-
naissant à Kant un esprit original, profond et subtil, avec
les talents nécessaires pour le faire valoir, en le plaçant au-
dessus de Wolf et sur la même ligne que Leibnitz, Mérian
rappelait à ceux pour lesquels *Kant est venu achever le grand
ouvrage commencé par J. C.*, pour lesquels *le Christ nous a
manifesté Dieu en chair, et Kant, Dieu en esprit*, que Kant
pourrait avoir un successeur comme il avait succédé à
Leibnitz, sans même laisser en mourant un Wolf pour appui
de sa cause, pour propagateur de sa doctrine. Et la Décade
annonçait le 10 fructidor an IX (août 1801), quinze jours après
l'ouvrage de Villers, le volume dans lequel était inséré le

dernier travail de Mérian. Dès 1792, Ancillon passait en revue, dans une dissertation latine, les jugements de Kant sur l'existence de Dieu; son Dialogue entre Berkeley et Hume, de 1796 était souvent une satire contre la terminologie de Kant. Les deux Mémoires d'Engel en 1801, sur la réalité des idées générales ou abstraites, sur l'origine de l'idée de force, qui exercèrent une si grande influence sur M. de Biran, étaient dirigés contre Hume et Kant. Il faut encore citer des Mémoires de Selle, de Schwab qui, dirigés contre le Kantisme, étaient, comme les précédents, capables d'en faire connaître les grandes lignes aux philosophes français[1].

En 1796 (août) la Décade annonce la traduction, par Hercule Peyer Imhoff, des Observations sur le sentiment du beau et du sublime, un des plus curieux ouvrages de l'époque antérieure à l'apparition des doctrines criticistes, dans lequel Kant se montre, comme dit Barni, fin et spirituel observateur, et parle des femmes avec une délicatesse et un respect qui feraient supposer qu'il n'est pas toujours resté indifférent aux attraits qu'il peint si bien.

En 1797, Benjamin Constant combat, dans les *Réactions politiques*, l'opinion d'un philosophe allemand qui allait jusqu'à prétendre qu'envers des assassins qui vous demanderaient si votre ami qu'ils poursuivent n'est pas réfugié dans votre maison, le mensonge serait un crime. Et Benjamin Constant déclarait à Kramer qu'il avait eu en vue Kant. Ce dernier l'apprit et publia la même année un opuscule intitulé *D'un prétendu droit de mentir par humanité*, dans lequel il défendait sa doctrine et ses principes. Il ne se rappelait plus, disait-il, en quel endroit il avait soutenu ce que critiquait B. Constant, mais il semble bien, d'après l'exemple cité par B. Constant, accepté par Kant et repris par Mme de Staël, qu'il s'agissait de l'article *Mensonge* de la Doctrine de la vertu[2].

---

[1] Voyez *Bartholmèss*, Histoire philosophique de l'Académie de Berlin.

[2] Voyez *Éléments métaphysiques de la doctrine de la vertu* (trad. Barni). — La Décade annonça les *Réactions politiques* de B. Constant, le 29 avril 1797.

La Décade signalait aussi aux lecteurs français les traductions de Werther et de Woldemar, la correspondance de Lessing
avec Gleim, la publication du Spectateur du Nord, la traduction du Théâtre de Schiller, d'Hermann et Dorothée, de
l'Obéron de Wieland, du W. Meister de Goethe, d'odes de
Klospstock, du Laocoon, de Herder, etc. Il y aurait pour les
historiens de la littérature allemande, un bien curieux et
substantiel chapitre à écrire sur l'influence exercée, de 1795 à
1800, par les écrivains allemands, sur les productions litté-
raires de la France à cette époque. Mais pour nous limiter à
ce qui forme l'objet spécial de notre étude, nous signalerons
deux curieux articles sur les Perceptions obscures que publia
dans la Décade, le 7 et le 17 octobre 1797, Dorsch, employé
au ministère des relations extérieures. Il montrait que la
métaphysique, devenue une science en partie exacte depuis
Locke et Condillac, était la base des sciences morales et politiques. « Les Allemands, disait-il, la cultivent avec ardeur,
si leur marche est lente, ils ne sont pas stationnaires, s'ils
n'ont point notre audace, ils creusent profondément; *Kant
y fait une révolution*. Depuis Aristote et Descartes, personne
n'a eu plus de prépondérance métaphysique. Sa philosophie
est peu connue en France, mais il serait à désirer que
quelque Allemand, bien au fait de cette école et de notre
langue, en traduisît la doctrine. M. Dortsch, professeur à
l'Université de Mayence, pourrait rendre ce service. » Six
semaines plus tard, la Décade annonçait les *Essais philosophiques de feu Adam Smith, précédés d'un Précis de sa vie et de
ses écrits, par D. Stewart*, traduits par Prévost; Ginguené en
donnait deux extraits dans la Décade du 20 novembre et du
10 décembre. Il insistait sur la division faite par Prévost des
philosophes en trois écoles : l'école écossaise, l'école française
et l'école allemande, qui a eu Leibnitz pour chef et dans laquelle
domine aujourd'hui Kant. Prévost, ajoutait Ginguené,
reconnaît dans Kant des qualités éminentes, mais voudrait
qu'on distinguât ce qui lui appartient de ce qu'il s'est
approprié; il croit avantageux, pour le progrès de la science,
de traduire en français les ouvrages de Kant, mais estime
que cette entreprise est très difficile. A peu près à la même

époque paraissait la traduction du *Projet d'un traité de paix perpétuelle.*

Le 10 floréal an VIII (30 avril 1800), François de Neufchâteau présentait à l'Institut son *Conservateur ou recueil de morceaux inédits d'histoire, de politique, de littérature et de philosophie,* en 2 volumes [1]. Il avait eu, disait-il, l'idée de faire travailler à une Bibliothèque germanique et il citait, pour justifier ce projet, les noms de Bode, de Pallas, de Humboldt, de Kastner, de Lichtenberg, de Schiller, de Göthe, de Wieland, de Voss, de Stolberg ; mais les matériaux les plus nombreux qu'il avait recueillis portaient sur la métaphysique de Kant, qui a remplacé Leibnitz et fondé une nouvelle école de philosophie. Dans le Conservateur il donna ceux qui lui semblaient les plus propres à faire connaître ce système, qui fait tant de bruit et occupe tant de penseurs, à côté de traductions, en vers métriques et hexamètres par Turgot, d'une partie de l'œuvre de Virgile, du rapport secret sur le Mesmérisme par Bailly, de lettres de Buffon à l'abbé Bexon, du Précis de l'abbé Dubos par Thouret, de lettres de J.-J. Rousseau, de remarques de Voltaire sur les Essais poétiques d'Helvétius et de notes d'Helvétius sur un exemplaire des OEuvres de Voltaire, de pièces relatives à l'enterrement de Molière et de Voltaire. Les morceaux qui portaient sur Kant formaient une partie considérable du second volume [2] et comprenaient, sous le titre de *Choix de divers morceaux propres à donner une idée de la philosophie de Kant qui fait tant de bruit en Allemagne,* la Notice littéraire sur Kant et la traduction par Villers de l'opuscule sur l'histoire universelle [3] ; puis une traduction de la *Théorie de la pure religion morale, considérée dans ses rapports avec le pur christianisme,* par Ph. Huldiger [4] qui l'avait augmentée d'éclaircissements et de considérations

[1] Chez Crapelet, XXX — 416 et 448 pages.
[2] Depuis la page 29 jusqu'a la page 226.
[3] Voyez p. XIII.
[4] Villers pense que c'est un pseudonyme « *qui a passablement saisi d'ailleurs les points principaux de la philosophie critique.* » Ne faudrait-il pas songer, en raison même du texte traduit, à un des amis de Grégoire ?

générales sur la philosophie critique et avait mis en tête une
épigraphe empruntée à saint Mathieu : *Heureux ceux qui ont
le cœur pur, car ils verront Dieu !* Huldiger avait choisi cet
ouvrage, qui n'est qu'une application des principes de la
philosophie de Kant à la théorie de la religion, parce qu'il
était peu volumineux, et même il s'était servi d'un Abrégé
fait pour les cours publics d'une université d'Allemagne[1], parce qu'il voulait sonder le goût du public avant
de lui faire connaître l'édifice dont il ne montrait qu'un
étage[2]. L'ouvrage lui paraît très piquant par la singularité,
la force et l'enchaînement des idées, très essentiel et très
consolant dans tous les temps par la matière qui en fait
l'objet. La doctrine, présentée sous un point de vue neuf,
lui semble prise dans la nature et nous apprend que nous
avons en nous deux bases pour la religion, l'une qui tient à
notre essence comme créatures intelligentes d'un être avec
qui nous avons le rapport de connaître sa loi et sa volonté,
l'autre tenant à notre état de faiblesse, à notre situation pé-
rilleuse qui nécessite les secours d'une main pure et puis-
sante : belle théorie qui fait de la religion la voie du bonheur
et qui prouve la sainteté de l'origine du christianisme, son
identité avec la nature humaine et le caractère d'universalité qu'on ne peut reconnaître qu'en lui seul[3]. Il signalait
quatre principes fondamentaux dans cet ouvrage : 1° l'homme
est méchant naturellement, sans l'être par essence ; 2° il possède dans son âme un idéal de perfection morale qu'il peut et
qu'il doit réaliser ; 3° la nécessité de triompher du mal et
d'établir invariablement le bien, donne naissance à l'idée
d'une société civile et éthique, uniquement fondée sur les
lois de la vertu, dont Dieu même serait le législateur et le
chef suprême, et de cette idée découle, pour chaque individu,
le devoir de travailler de toutes ses forces à l'établissement

---

[1] On pourrait, en ne tenant compte que de ce passage, songer aussi
à Dortsch (Cf., p. VI).

[2] Chose curieuse, l'auteur dit qu'on n'a traduit, avant lui, que le
Traité sur la paix perpétuelle. On comprend encore qu'il ignorât Villers,
mais comment ne connaissait-il pas la traduction de Imhoff ?

[3] Voyez note 17, à la fin du volume.

de cet empire divin ; 4° le culte que Dieu recevrait dans cette société ne pourrait être qu'un culte moral. En dernière analyse, lorsqu'on remonte, par le secours de la raison pure et abstraite jusqu'à la première source du mal, on découvre qu'il provient d'une détermination du libre arbitre de s'écarter de la loi morale et, qu'en bien comme en mal, le libre arbitre n'a pas d'autre motif de ses actions que sa détermination, franche, indépendante, absolue; par conséquent le mal ne peut être expliqué que comme une adoption du libre arbitre qui s'est laissé séduire et qui a fait tomber l'homme d'un état pur et sain dans l'état misérable du péché : voilà donc l'origine du mal moral reconnue, et tel est le squelette de la vérité que tous les peuples, dans leurs traditions antiques, ont habillé diversement, que la majestueuse Ecriture elle-même a cru devoir envelopper de quelques allégories. L'unique occupation de notre vie, conformément au seul besoin réel de notre existence morale, doit être de l'anéantir en nous pour réhabiliter le bien sur ses ruines. Par conséquent les trois grands devoirs de l'homme, de se rendre heureux lui-même, de contribuer à la félicité de ses semblables, d'amener sur la terre le règne, le triomphe et la gloire du souverain bien par essence, ne pouvant être remplis qu'en s'efforçant de réaliser l'idéal de la perfection morale, il est d'obligation stricte pour chaque individu de travailler à la fondation et à la propagation de la société éthique ou de l'église dans laquelle seulement cet idéal serait produit en réalité. Le scrutateur des cœurs sera seul le législateur et le chef de la société éthique, racine de l'église universelle; le culte qu'on lui rendra sera purement moral, les cérémonies ne seront que des stimulants pour la moralité, n'acquerront du prix et de l'influence que par elle. C'est là une des plus belles idées religieuses et morales que notre siècle ait vu éclore et c'est dans l'Evangile bien conçu, dans ce foyer de toute lumière et de toute sagesse, que l'auteur l'a puisée; non seulement elle forme la base de la morale en général et de la conduite de tout homme en particulier, mais elle est encore le modèle des sociétés politiques et de l'institution religieuse; elle unit la religion, la morale et la politique, embrasse le présent et l'avenir, se produit et se développe sous les caractères de l'unité et de l'universalité qui sont les marques indélébiles et positives du vrai.

Quant à l'ensemble de l'œuvre de Kant, il ne lui paraît pas douteux que les écrits de cet homme célèbre ne doivent opérer *une révolution dans l'esprit humain*, que Kant ne soit un homme de génie qui s'est servi de ce beau don du Créateur pour ouvrir une nouvelle carrière, qui a substitué la science certaine à la science fantastique, fixé les bornes des connaissances humaines en donnant la théorie de la sensibilité, de l'entendement et de la raison pure, prouvé victorieusement l'immatérialité, et par conséquent l'indestructibilité de l'âme, la liberté et l'existence de Dieu, affermi à jamais les bases d'une science aussi belle, aussi nécessaire, aussi universelle que la métaphysique, levé toutes nos incertitudes et comblé tous nos vœux. Ses écrits sont comme un fil pour se conduire à travers le labyrinthe où la vérité se cache à tous les regards : « Heureux, dit l'auteur, l'écrivain qui peut ainsi s'attribuer la gloire d'avoir été réellement utile à son espèce ! Nos derniers neveux donneront à sa mémoire l'éloge si rarement mérité qu'il a fait honneur à l'homme. »

On ne trouverait, croyons-nous, ni chez Villers, ni même chez Mme de Staël, une aussi claire compréhension du rôle que pouvait jouer un jour la philosophie critique, une appréciation aussi nette des services qu'elle peut rendre aux esprits qui sentent l'invincible besoin d'allier la métaphysique, la morale et la religion[1].

II

La façon d'apprécier Kant change avec l'apparition du livre de Villers.

Villers[2], né en 1765 à Boulay, dans la Meurthe, entra dans

---

[1] Voyez les *Essais* de M. Renouvier et la *Critique philosophique* de MM. Renouvier et Pillon.

[2] *Cf. Stapfer*, art. Villers, dans la *Biographie universelle* de Michaud ; *Christian Fr. Wurm*, Beiträge zur Geschichte der Hansestädte in den

l'artillerie en 1780, tint garnison à Toul, puis à Metz, enfin à Strasbourg où il fut témoin des cures magnétiques de Mesmer et publia un roman, le *Magnétiseur amoureux* (1787). En même temps il étudiait le grec, l'hébreu et composait des essais dramatiques. Il accueillit la Révolution avec enthousiasme, mais se refroidit bientôt et fit connaître ses opinions dans divers opuscules, dont le dernier intitulé, *De la Liberté* (Metz 1791), eut trois éditions, mais l'obligea à quitter la France en 1792. Après avoir vainement essayé d'y rentrer, il se fit immatriculer comme étudiant à Göttingue et entra en relations avec les professeurs Eichhorn, Heyne, Kästner, Sartorius, Spittler et Schlözer, le célèbre historien. En 1797, il faisait paraître à Berlin les *Lettres Westphaliennes du Comte de R. M. à Madame de H. sur plusieurs sujets de philosophie, de littérature et d'histoire — et contenant la description pittoresque d'une partie de la Westphalie.* Dans cet ouvrage, qui est incontestablement de Villers[1], il était question du magnétisme animal et de la philosophie kantienne : Jacobi trouva les lettres charmantes et Mme de Staël les lut avec un grand intérêt[2]. Villers pensa alors à se rendre en Russie, où son plus jeune frère avait déjà trouvé une patrie; mais en passant par Lübeck, il y rencontra la fille de Schlözer, mariée à de Rodde, un marchand qui devint sénateur et bourgmestre; il contracta une liaison qui dura toute sa vie avec cette femme, que Mme de Staël, en 1803, appelait *une grosse Allemande, dont elle n'avait pas encore percé les charmes.*

Il s'appliqua dès lors à l'étude de la littérature allemande et surtout de la philosophie de Kant, il se donna pour tâche de faire connaître l'une et l'autre à la France. Un émigré français, Baudus, avait fondé à Altona une gazette, qui avait paru de juillet 1795 à janvier 1796, puis s'était fixé à Hambourg où il groupa comme rédacteurs du *Spectateur du Nord,* tous les émigrés qui avaient quelque talent. Rivarol y vivait

Jahren 1806 bis 1814, Hamburg, 1845; *W. von Bippen,* Ch. von Villers, und seine deutschen Bestrebungen, Preuss. Jahrbücher, Bd. 27, p. 288-307; *Isler,* Briefe an Ch. de Villers, Zweite Ausgabe, Hamburg, 1883.

[1] Voyez *Isler,* op. cit. XI, 149, 288 et *Villers,* Philosophie de Kant.

[2] *Isler,* op. cit., p. 149 et 288.

alors et y publiait le *Discours préliminaire* du nouveau Dic-
tionnaire de la langue française, qu'il ne devait jamais achever.
Mme de Genlis y séjournait; Delille y arrivait en 1799, Sénac
de Meilhan y vivait quelque temps; Chênedollé, l'abbé
Louis et l'abbé de Pradt, Talleyrand pouvaient y rencontrer
Jacobi et Klopstock. Villers fut le principal collaborateur de
Baudus [1] : il donna une notice littéraire sur Kant et sur l'état
de la métaphysique en Allemagne au moment où Kant avait
commencé à y faire sensation. Il vantait l'incroyable variété
des connaissances de Kant en physiologie, en histoire naturelle, en astronomie, en mathématiques, dans les belles-lettres
et les différentes branches de la philosophie : il montrait que
Kant avait conjecturé l'existence d'Uranus découvert vingt-
six ans plus tard par Herschell, qu'il avait pris une place dis-
tinguée parmi les métaphysiciens et fixé sur lui l'attention générale par l'écrit intitulé, *Unique base possible à une démonstration de l'existence de Dieu*, dont il avait depuis lors complètement désavoué la doctrine. L'importance de la dissertation
inaugurale de 1770 [2], l'influence exercée sur Kant par la
lecture des *Essais* de Hume sur la nature humaine y sont fort
bien marquées. L'apparition de la Critique de la Raison pure
était signalée comme un événement qui devait produire dans
le monde philosophique une révolution aussi étonnante, mais
moins orageuse que celle qui se préparait dans le monde
politique. Reinhold était présenté comme ayant réussi à
faire goûter au public savant, en 1786 et 1787, la nouvelle
philosophie. Tout en signalant l'appui que Kant semblait
avoir donné par cet ouvrage à ceux qui disaient hautement
que la métaphysique n'est au fond qu'une chimère, Villers
montrait que Kant avait ouvert de nouvelles routes au raisonnement, qu'il avait rétabli, en s'appuyant sur la moralité,
de nouveaux arguments pour l'existence de Dieu, la réalité de
notre libre arbitre, l'immortalité de nos âmes; mais il lui
paraissait cependant que ce puissant athlète était plus vigou-

---

[1] Voyez *Sainte-Beuve*, Chateaubriand et son groupe littéraire,
vol. II ; *de Lescure*, Rivarol et la Société française pendant la Révolution et l'émigration.

[2] Voyez p. II.

reux en terrassant ses adversaires, en renversant leurs systèmes, qu'en essayant de construire à son tour un nouvel
édifice. Dans le même journal, Villers donna sous le titre de
Critique de la Raison pure, une analyse abrégée de cet ouvrage qui fut reproduite en allemand sous les auspices de
Kant, puis une traduction en 1798 de l'*Idée d'une histoire universelle dans une vue cosmopolitique*, qu'il croyait propre à fa-
miliariser les lecteurs avec la tournure d'esprit particulière à
ce philosophe, avec sa manière de raisonner et de présenter
ses idées, parce qu'il n'y abordait point la métaphysique pro-
prement dite, mais y développait son idée la plus chérie en
politique et y exposait ses vues profondes sur la perfectibilité
graduelle de l'espèce humaine. Cette traduction, réimprimée
à part par Villers, le fut encore par François de Neufchâteau en l'an VIII, et un écrit imprimé trois fois, qui n'était
pas sans analogie avec l'*Esquisse des progrès de l'esprit humain*,
que Comte trouvait très remarquable, a été donné, sous
forme de traduction communiquée à Comte par d'Eichthal,
comme complètement inconnu en France par M. Littré dans
A. Comte et la philosophie positive!

Dans le *Spectateur* encore, Villers fit paraître un frag-
ment d'une traduction en prose de la Messiade, qu'il se proposait de faire connaître à Delille qui, peu versé dans la
langue allemande, avait manifesté l'intention de faire, pour
la Messiade, ce qu'il avait fait pour l'*Énéide*[1]. A la même
époque, il est sérieusement occupé de préparer un ouvrage
qui fasse connaître Kant aux lecteurs français : il hésite
longtemps sur la forme à lui donner, pense à publier des
Lettres à Émilie sur la philosophie, puis à faire des dialogues
comme Platon et Jacobi[2]. Enfin, il se décide à suivre la
division naturelle de sa matière, à la traiter simplement,
sèchement et sérieusement, et en novembre 1799, il présente
à Jacobi, dont il voudrait avoir l'avis, une esquisse de son
plan ou de ses divisions, dont chacune demandera un plan
à part et beaucoup de sous-divisions[3]. En 1800, il est dis-

1 *M. Isler*, Lettre de Klopstock à Villers, p. 203.
2 *Isler*, Lettres à Jacobi, p. 141 et à Schelling, p. 213.
3 Nous donnons ce plan (d'après Isler, Lettre de Villers à Jacobi,

trait un moment de ce travail par la traduction des Lettres
à Ernestine, pour laquelle Vanderbourg, le traducteur attitré
de Jacobi, lui cède ce qu'il avait déjà traduit, et qu'il songe
à publier en France, lorsque Baudus refuse de la faire paraître dans le *Spectateur du Nord*. En 1801, Jacobi apprend
par Vanderbourg, alors à Paris, qu'il est question d'un
Mercure littéraire d'Europe, dont la rédaction principale
serait confiée à Suard, et où la littérature allemande serait
réservée à Vanderbourg : ce dernier voit Suard qu'il con-
tredit, à qui il ne croit pas avoir plu, et qui lui paraît un peu
lourd dans la conversation, un peu pédant, un peu vain et
de plus fidèle à l'excès *aux préjugés français* contre la
philosophie allemande. Jacobi souhaite ardemment que
l'ouvrage de Villers paraisse bientôt, d'autant plus qu'il apprend, par Vanderbourg encore, qu'une traduction de la mort
d'Adam de Klopstock a été jouée avec succès sur un des
petits théâtres de Paris, tandis qu'on n'a jamais eu nulle
part en Allemagne l'idée de la représenter [1]. D'ailleurs le
moment était favorable : Chênedollé, Baudus, Montlosier,

p. 144) parce qu'il nous montre qu'en ce moment Villers fait encore
quelques réserves sur la philosophie de Kant, et n'a pas encore cet
enthousiasme que révèle la lecture de la *Philosophie de Kant :*

1. Quelle idée doit-on se former d'une Philosophie en général ?
2. En particulier, d'une métaphysique ? Ce que c'est ?
3. Quatre principaux systèmes de métaphysique possibles et, en effet, existants.
4. Idée d'un point de vue transcendantal en métaphysique. — Sa nécessité. —
Distinction du transcendantal et du transcendant.
5. Quelle métaphysique a régné jusqu'à présent en France ? — Empirisme.
6. Son insuffisance pour expliquer les premiers principes de nos connaissances. Il
lui faut des fondements plus profonds. — Nécessité d'en revenir au transcendantal ou
à un examen de la cognition humaine.
7. Voilà ce qu'a tenté Kant. — Analyse du fameux livre intitulé : *Critique de la
raison pure.*
8. Ce qu'on peut encore trouver à redire dans ce livre, qui a cependant fait faire à
l'esprit humain un pas gigantesque vers le but, et qui a mis sur le chemin pour y
parvenir. — Traduction littérale de la dissertation sur l'*Idéalisme transcendantal.*
9. Comment de cette courte dissertation sont nés de gros livres. Aperçu du Stand-
punct de Beck, de la Mathéséologie (Wissenschaftslehre). Sectes entre les philosophes
critiques. Abus dans leur doctrine, provenant des incursions qu'ils se permettent, sans
s'en apercevoir, dans le transcendant.
10. Résultat en peu de mots, et ce que le sens commun peut garder de la partie spéculative de la philosophie critique.
11. Court aperçu de la partie morale (Kritik der praktischen Vernunft).
12. Court aperçu de ses principes pour le goût (Kritik der Urtheilskraft).

[1] *Isler*, op. cit. Les lettres de Jacobi sont en français.

Delille, presque tous les émigrés étaient rentrés en France,
Rivarol se préparait lui-même à y revenir quand la mort le
surprit; Bonaparte, préoccupé d'affermir son pouvoir, se
détournait du parti constitutionnel, qui comptait parmi ses
membres Garat, Cabanis, D. de Tracy, Laromiguière, Daunou, Chénier, B. Constant, c'est-à-dire tous ceux qu'il ap-
pellera bientôt les *idéologues*; il faisait déporter 130 démo-
crates, essayait de gagner le clergé à sa cause et négociait le
Concordat; Châteaubriand avait donné Atala et préparait le
Génie du Christianisme. La Décade annonça le 20 thermidor,
an IX (8 août 1801), l'apparition de l'*Exposition des principes
fondamentaux de la philosophie transcendantale de Kant* par
Villers. L'ouvrage était dédié à l'Institut national de France,
*tribunal investi d'une magistrature suprême dans l'empire des
sciences, juge naturel et en premier ressort de toute doctrine nouvelle offerte à la nation.* Or l'auteur se plaignait que les pro-
grammes des académies et autres corps savants de France
eussent été remplis, pendant les quinze dernières années,
de questions spéculatives faites avec une entière confiance,
annoncées avec solennité, qui se trouveraient superflues et
insignifiantes dans le point de vue de la philosophie transcendantale, que *pas un de ces corps savants, pas un de ceux qui
écrivirent des mémoires sur ces questions n'eût discuté, ni même
cité la nouvelle doctrine*[1]. Et pour bien montrer qu'il s'adres-
sait à l'Institut, il avait soin de dire que si ce corps respectable eût été informé de ce que la philosophie critique ensei-
gnait depuis quinze ans, il n'aurait pas énoncé comme il l'avait
fait, la question de l'influence des signes (p. 174). Il parle du
suave Delille (LIV), qui avait maltraité la Révolution et dé-
daigné l'Institut, fait l'éloge des émigrés, s'appuie sur l'au-
torité de Laharpe (LXVIII) et déclame comme lui contre le
superficiel matérialisme, le grossier précepte de l'amour de
soi qui voudraient nous ramener à l'état des brutes (LXVII);
il ne croit pas nécessaire, dit-il en forgeant un mot nouveau, d'exposer plus au long ce *sensualisme* étroit qui
fait tout le fond de la nouvelle métaphysique française,

[1] Cela est complètement inexact (cf. *supra*).

qui a ôté sa religion à la France, qui a placé les sens
sur le trône de la métaphysique et l'intérêt sur celui
de la morale, supprimant toute idée de moralité et d'hon-
nêteté publique, paralysant la conscience, la dépouillant de
la honte et de la pudeur, dégradant l'homme et amenant des
maux incalculables, cette doctrine superficielle et niaise dont
la dernière période est le jacobinisme, qui en était un corol-
laire indispensable, cet encyclopédisme, fantôme imposant
au dehors, méprisable au-dedans, qui porta le nom de la
vertu sur son front et alimenta de sa substance tous les vices.
Aussi s'adresse-t-il surtout à cette jeune génération qui n'a
reçu encore ni la doctrine sensualiste, ni les vices raisonnés
des encyclopédistes, car il s'attend à une opiniâtre opposi-
tion de la part de quelques *vieilles têtes de fer*, qui ne peuvent
rien changer à leur tendance et à leur organisation (art. VII).
Et il maintient, dans sa conclusion, que la science et la moralité ne peuvent se rencontrer sur le chemin que suivent la
plupart des philosophes français, que le principe du sensualisme pour la métaphysique et celui de l'amour de soi pour
la morale sont incompatibles avec toute saine philosophie
(401). Il ne laisse pas d'ailleurs échapper une occasion d'in-
jurier les partisans de la philosophie du XVIIIᵉ siècle, d'exalter
leurs adversaires, de vanter l'Allemagne au détriment de la
France, d'adresser aux doctrines qu'il combat des objec-
tions aussi contestables pour le fond que peu précises et
injurieuses dans la forme. Il parle de la populace philosophique (132), voit dans le XVIIIᵉ siècle une période *imphiloso-
phique* et de bavadarge, estime qu'il n'a offert comme but au
génie que *le plaisir ou le gain*, et qu'il ne faut rien voir
autre chose, sous ce qu'on a appelé *progrès des lumières, per-
fectionnement des sciences, conquêtes de l'esprit humain* (146).
Locke et Condillac sont restés à la superficie en ce qui concerne la véritable méthode (44) et l'origine des connaissances humaines (61) ; la soi-disant Logique de Condillac
n'est qu'un mélange de psychologie empirique, de métaphysique et de théorie de la grammaire générale (47) ; il est difficile, à qui lit sans prévention les œuvres philosophiques de
ce dernier, d'y trouver un plan quelconque et une unité de

doctrine (150). Quant à Condorcet, le philosophe auquel peut-être se reconnaissaient le plus redevables les membres marquants de l'Institut, il est présenté comme ayant, dans son ouvrage posthume, refusé son assentiment à Locke, à Condillac et à tous leurs adhérents (176) et rangé avec Platon, Newton, Descartes, Leibnitz et Kant, parmi les adversaires de l'empirisme ! Et Villers prend encore la peine de distinguer Condillac de la tourbe de ses imitateurs et de tous ceux qui ont amplifié sur l'empirisme après lui et d'après lui (189). Si les ouvrages français les plus récents fourmillent de prétendues définitions de la philosophie, il n'y a rien à y apprendre, pas une idée saine à y acquérir (29). Les écrivains qui ont suivi Condillac ont disserté à perte de vue sur l'analyse, sur l'esprit humain, sur les idées claires, sur le rapport des signes aux idées, mais l'école est restée en possession de la vraie logique (48). Les petits philosophes à la mode sourient avec compassion au seul nom de la métaphysique qu'ils ne comprennent pas (59), ils appelleraient métaphysicien le *Cuisinier français*, s'il s'était avisé de s'étendre un peu sur les propriétés des épices qu'il mettait en œuvre (147). Mais il faut que l'heure de l'empirisme sonne (92); il faut une métaphysique nouvelle et scientifique à la patrie de Lavoisier, de Lalande et de Laplace, une nouvelle théorie des arts à ceux qui possèdent aujourd'hui les plus fameux chefs-d'œuvre dont s'honoraient jadis d'autres contrées, une nouvelle morale, pure comme celle de l'Évangile et sévère comme celle du Portique, à une nation qui tend sérieusement à jouir d'une liberté raisonnable, qui ne veut plus ni libertins, ni terroristes, ni la corruption des cours, ni la férocité des clubs (206) [1]. D'ailleurs, il n'y a que des têtes systématiques qui soient capables de tirer parti de l'expérience : un faiseur d'expériences est un maçon qui peut bien aligner les pierres et remuer du mortier, mais il faut que la pensée de l'architecte ait précédé et réglé la place des matériaux (220). Parmi les adversaires de l'empirisme,

[1] Voyez le célèbre passage de Cousin *Puisse notre voix être entendue des générations présentes*, etc., et *Taine, Les philosophes classiques du xixᵉ siècle*, 5ᵉ édition, p. 145 et 302.

KANT, Crit. de la rais. prat. b

Malebranche et Kéranflech ont exposé une philosophie qui repose sur une hypothèse, mais qui est *religieuse et sublime* (85), le kantisme, qui a donné au matérialisme le coup de grâce, sauve la morale et la religion des atteintes du raisonnement et de la spéculation, enseigne à l'égard de Dieu la doctrine de Saint-Paul (406), semble avoir été suscité par la Providence pour faire renaître universellement une religion positive (168). Ses adversaires sont des envieux et des Zoïles, des beaux esprits, des beaux diseurs, des aboyeurs; il aura contre lui la frivolité française que caractérisent le persiflage, la légèreté et la dissipation, le bel esprit qui attire les sciences vers le superficiel, une secte niaise qui au nom du bon goût prononce sur tout en ignorant tout.

Dédier un semblable ouvrage à l'Institut, qui comptait parmi ses membres ou ses lauréats, Grégoire, Sieyès, François de Neufchâteau, qui avaient déjà essayé de faire connaître la philosophie de Kant, Reinhard venu en France vers 1786, Degérando et Prévost qui avaient déjà rendu une justice éclatante à Kant dans leurs ouvrages manuscrits ou imprimés, Volney, Garat, Cabanis, Lakanal, Daunou, Rœderer, D. de Tracy, Laromiguière, Thurot, qui se rattachaient à Condillac pour la méthode tout au moins, qui tentaient alors, non sans succès, de donner un vigoureux élan aux recherches philosophiques et qui, loin d'être les alliés des jacobins, avaient pour la plupart été leurs adversaires ou leurs victimes, cela pouvait paraître singulier, mais était fort peu propre à faire étudier et accepter une doctrine précédée d'un préambule si injurieux pour les Français qui n'avaient pas émigré et étaient demeurés fidèles à la philosophie du xviii⁰ siècle. Aussi la *Décade philosophique*, où écrivaient Ginguené, Rœderer, Fauriel, Cabanis, J.-B. Say, etc., parlant du principe du beau dans les arts, citait un extrait du livre de Villers et raillait tout à la fois l'interprète et le philosophe : « Le grand philosophe de la Germanie va nous apprendre, disait l'auteur, ce que personne avant lui n'avait imaginé, que le principe de l'imitation de la nature dans les beaux-arts est mesquin et insuffisant. Nous nous empressons de recueillir, avec respect et reconnaissance, les sublimes

, maximes de ce dernier, si célèbre dans les universités d'outre-Rhin, et qui doit un jour, avec plus de succès encore que Mercier, détrôner Locke et Condillac »[1].

Vingt jours plus tard, la Décade, par la plume de Ginguené, semble-t-il, revenait sur l'ouvrage de Villers : tout en raillant finement et sans pitié l'interprète, elle faisait l'éloge de Kant et s'engageait à discuter posément avec Villers, s'il voulait prendre la peine de motiver son analyse de l'intelligence humaine :

« Citoyens, disait l'auteur, il vient de paraître un livre
« extrêmement divertissant, écrit dans le vrai style maca-
« ronique, et dont il est impossible de méconnaître le mé-
« rite, pour peu qu'on ait de tact et de bonne humeur. Ce-
« pendant l'auteur montre partout, pour les lecteurs français,
« une tendre sollicitude qui va jusqu'à la commisération : il
« avertit (p. 254) que c'est par pitié pour eux qu'il n'a donné
« que 450 pages grand in-8° à son opuscule, car, dit-il, je
« devais éviter, dans un premier essai, d'être trop volumi-
« neux et ménager la grande majorité des lecteurs français
« qui se rebutent facilement quand on veut les contraindre à
« méditer et à réfléchir trop longuement. Réfléchir longtemps
« de suite, est en effet une fatigue; mais réfléchir longue-
« ment, c'est, je présume, réfléchir comme l'auteur, et cela
« ne doit pas causer une grande dépense de forces intellec-
« tuelles; au reste, je peux me tromper, en fait de physiolo-
« gie, tout dépend de l'individu.

« ... J'ai trouvé un moyen très efficace de seconder la bien-
« veillance du jeune auteur pour ses pauvres lecteurs... Je les
« avertis que l'ouvrage commence à la page 251 et finit à la
« page 262... Les 250 pages qui précèdent sont ce que l'In-
« timé appelle le beau dans son plaidoyer, ce qui ne fait rien
« au sujet... ces douze pages renferment la décomposition de
« notre intelligence, telle qu'on nous prescrit de la croire et
« il faut la bien entendre pour aller plus loin, or je ne pense
« pas qu'il y ait un seul être *cognitif*, quelque *pur* qu'on le
« fasse, qui y comprenne rien, quelque simple qu'on le sup-

[1] 30 fructidor an IX. — Voyez p. XXII.

« pose qui ose croire y rien comprendre, — et dans ce cas, il
« n'a ni le besoin ni l'obligation d'aller plus loin, ce qui est
« assez doux.

« Il ne faudrait pas que les lecteurs qui n'entendraient pas
« bien cet énorme ouvrage de douze pages, en conclussent
« qu'ils sont tout à fait indignes de comprendre la philoso-
« phie de Kant, car il est presque aussi difficile de la recon-
« naître que de retrouver le Traité des richesses de Sénèque
« dans l'analyse qu'en fait Hector.

« Kant est un philosophe célèbre dont on peut fort bien ne
« pas plus aimer certaines opinions que l'harmonie prééta-
« blie de Leibnitz ou le Tout en Dieu de Malebranche, mais
« qu'on ne pourra jamais traiter avec légèreté... notre au-
« teur... a trop cru, en rentrant dans ce pays-ci, qu'on n'y
« savait rien, parce qu'il ne savait rien de ce qui s'y faisait...
« S'il veut prendre la peine de motiver son analyse de l'intel-
« ligence humaine, ou de l'être cognitif comme il l'appelle, et
« de la justifier contradictoirement avec celle de Condillac ou
« de tel autre philosophe, nous la discuterons posément avec
« lui ; il verra que c'est là le nœud de la question. »

Pendant le dernier trimestre de l'an IX, Degérando fit à
l'Institut une seconde lecture de son Mémoire sur la Philosophie de Kant. Le secrétaire Lévesque, plus compétent comme
historien que comme philosophe, signala ce Mémoire, dans la
Notice des travaux de la classe, le 15 vendémiaire an X : « La
philosophie de Kant, disait-il, partage le public savant de
l'Allemagne, elle excite des haines nationales et des haines
étrangères, et des Allemands insultent aux Français parce
qu'ils n'ont pas grossi la secte du professeur de Kœnigsberg. »
Sans suivre Degérando dans ce travail, parce qu'il aurait
fallu employer les termes techniques de l'école et ensuite
les expliquer avec l'incertitude de les avoir compris et de se
faire entendre, Lévesque disait seulement que Degérando
avait rendu un juste hommage *au génie fécond et hardi du philosophe allemand* et à la vaste étendue de ses connaissances,
mais sans dissimuler que ce novateur philosophe, par la nature de ses méthodes, inspire de justes préventions contre
son système et qu'elles sont encore augmentées par les pré-

tentions qu'il affecte et par l'obscurité dont il s'enveloppe ou que peut-être il ne pouvait éviter.

Villers fit paraître une brochure intitulée *Kant jugé par l'Institut*, dans laquelle il malmenait tout à la fois l'Institut et la Décade. Celle-ci, qui avait déjà, en analysant le travail de Lancelin sur l'*Introduction à l'analyse des sciences*, fait remarquer que cet ouvrage, en présentant une analyse simple et vraie de l'entendement humain et les éléments de la saine philosophie, est par cela même la réfutation de l'ouvrage intitulé *Philosophie de Kant*, revint à la charge et rappela à Villers qu'elle l'avait invité à discuter avec lui son analyse de l'entendement : « L'un des précepteurs nouvellement ar-
« rivés (d'Altona) pour nous apprendre à lire, disait l'auteur
« de l'article *sur un soi-disant disciple de Kant*, après avoir
« annoncé qu'il allait jeter une bombe qui retentirait jus-
« qu'aux rives de l'Elbe, et allumerait un incendie philoso-
« phique, a lancé chez un libraire de Metz cette bombe ter-
« rible... On n'a entendu qu'un pétard... Au bout de quinze
« jours, le pétard a été oublié du public et les philosophes de
« Paris ne s'en sont ni émerveillés, ni épouvantés, ni cour-
« roucés... On leur avait annoncé une grande chose, et ils
« n'en ont vu qu'une petite ; ils désiraient connaître un phi-
« losophe étranger, très respectable et trop peu connu, et on
« leur dit de grosses injures, on insulte la France littéraire
« et on ne leur apprend rien... Ils attendent mieux et passent
« leur chemin... Il paraît que le soi-disant disciple de Kant a
« été piqué... Il vient de lâcher un pamphlet dans lequel il
« cherche à prouver par *atqui* et *ergo*, que la classe des
« sciences morales et politiques de l'Institut, qui a seulement
« entendu un Mémoire du C. Degérando sur la philosophie
« de Kant, a jugé et mal jugé ce philosophe célèbre. Il prend
« et travaille en conséquence des phrases vagues, non du
« Mémoire sur Kant, mais d'un compte-rendu par un secré-
« taire, et essaie de faire sonner de grands mots, évitant tou-
« tefois les points de la question philosophique... Il n'y a
« que de l'amertume dans ses vingt-quatre pages. Nous con-
« sentons qu'il en veuille à la Décade..., mais il s'en venge-
« rait bien mieux en acceptant l'invitation qu'elle lui a faite

« de discuter avec lui son analyse de l'entendement. S'il veut
« l'exposer, c'était à cet article qui va au fait qu'il eût fallu
« répondre... Peut-être garde-t-il le silence sur celui-là pour
« en profiter à son retour d'Allemagne où il est retourné,
« dit-on, sans doute pour consulter Kant, sur le ton conve-
« nable aux discussions philosophiques [1]. »

Kant n'était pas heureux à cette époque avec ses défenseurs. Mercier, l'auteur du Tableau de Paris, qui se donnait
comme le disciple de Rétif de la Bretonne, « l'amateur du
tour de jupe de Rosalie Poinot, comme disait Ginguené, et
le volumineux romancier des couturières », qui l'avait même
proposé pour la section de morale, s'était fortement pro-
noncé contre le système astronomique de Newton et pour
les idées innées ; il avait combattu *l'ennuyeux et illisible*
Locke, traité de sottise, de folie, la statue ou plutôt la pou-
pée de Condillac, appuyé le système des idées innées sur Descartes, Malebranche, Bonnet et la *Sagesse qui, sous le nom de
Kant, remplit d'admiration toute l'Allemagne* [2]. Aussi défendit-
il, même avant Villers, Kant qu'il crut attaqué par Degérando, dans deux Mémoires [3], où il lui attribuait la gloire
d'avoir fait les découvertes les plus neuves en métaphysique.
Mercier ne réussit d'ailleurs pas plus que Villers à faire
perdre complètement à Kant les sympathies de l'Institut.
Dans les différents votes qui eurent lieu pour la présentation
par la seconde classe des trois candidats parmi lesquels l'Institut choisit, comme associé étranger Niebuhr, qu'il préféra
ainsi à Müller et à Bentham, Kant obtint un nombre assez
considérable de suffrages [4]. Mais si l'ouvrage de Villers pou-

[1] 20 brumaire an X.

[2] *Décade philosophique*, 10 et 20 floréal an VIII.

[3] Le premier est consacré à Kant, le second porte sur la philosophie
de Kant, comparée à celle de *Fichtey*, savant d'Iéna, en Saxe (ancienne
Académie des sciences morales, manuscrits, carton n° 2).

[4] Nous trouvons, parmi les papiers que M. Jules Simon a bien voulu
nous permettre de consulter, trois votes différents : dans l'un, Kant
eut 200 suffrages, tandis que Rumford, Müller, Niebuhr, Herder, Fox
et Horne-Tooke en obtenaient 289, 278, 277, 220, 201, 153 ; dans un
autre, Kant en eut 203, tandis que Jefferson, Rumford, Müller, Niebuhr,
Fox, Young, Herder en obtenaient 360, 319, 276, 233, 217, 216, 206 ;

vait faire du bruit, il était impossible qu'il eût un succès
sérieux. Lancelin le trouvait plus digne du xiii° que du
xix° siècle, composé d'un ramas de chapitres décousus, sur-
chargé de citations et d'injures très peu philosophiques. D.
de Tracy, moins mordant, se bornait, en citant l'ouvrage de
Kinker, à louer l'auteur et le traducteur de ne manifester ni
mépris ni dédain pour ceux qui sont moins persuadés, et à
expliquer pourquoi les philosophes français avec lesquels il
se trouvait en communion d'idées, ne pouvaient accepter le
système de Kant. Samuel Adams appréciant, dit-il, le système
avec le sens commun, accuse Kant d'être tombé dans le scepticisme, d'avoir nié l'existence de Dieu, tout en sachant bien
que, pour échapper au reproche d'ériger en système l'é-
goïsme et le matérialisme, Kant établit l'existence d'un Dieu
sur la seule conviction du cœur, parce que cela ressemble
trop aux dénouements tombés du ciel de quelques drames
allemands, mais estime que ce serait pour la Décade un acte
de justice de faire connaître ce système aux lecteurs dont
la curiosité n'a été qu'excitée par la publication de Villers.
Ceux qu'on ne saurait soupçonner d'être hostiles à Kant se
montrent fort sévères pour Villers. Degérando, qui d'or-
dinaire ménage tout le monde, dit que l'ouvrage ne lui a
point paru présenter la véritable tendance de la philosophie
de Kant, qu'il est de peu de ressource pour l'étude du criticisme : « S'il a voulu, dit-il, s'adresser aux hommes super-
ficiels, son analyse est beaucoup trop obscure, s'il a voulu
s'adresser aux penseurs, elle est beaucoup trop insuffisante.
J'aime à croire que si M. de Villers refaisait cet ouvrage, il
affirmerait moins, prouverait mieux, conserverait plus d'é-
gards pour les opinions des autres et donnerait plus de clarté
à l'exposition des siennes. » Et il plaçait bien au-dessus de
ce livre la traduction de Kinker par Le Fèvre. Boddmer qui,
comme Villers, voulait amener à douter de la certitude des
opinions de l'école empirique, pour engager les penseurs à
examiner la philosophie de Kant, et dont Villers disait lui-

enfin, dans un autre, Kant en eut 224, Niebuhr, 360, Müller, 346,
Bentham, 344, Herder, 339, Rumford, 306, Fox, 276, Horne-Tooke, 166.

même qu'il y avait du bon dans son livre, trouvait l'ouvrage absolument insuffisant pour faire connaître la philosophie transcendantale, quoique la première partie lui parut écrite avec beaucoup d'esprit et de sel, très propre à réveiller les esprits endormis et à attirer l'attention du public sur ces matières : « Si son intention, ajoutait-il, avait été de faire du bruit et d'acquérir de la célébrité, elle est remplie et il a réussi, mais il a cru devoir se faire léger pour être à la portée d'une nombreuse classe de lecteurs, et il ne nous a montré qu'un squelette très imparfait de la doctrine de Kant. » Et Mme de Staël, à qui Villers disait modestement que son livre avait au moins un trait commun avec la *Littérature considérée dans ses rapports avec les institutions sociales*, c'est qu'il était trop fort pour le public auquel il était destiné, lui écrit à lui-même que s'il n'a pas eu tout le succès qu'il méritait, c'est qu'il n'a pas voulu avoir de l'adresse dans sa manière de présenter les idées de Kant et de combattre celles de ses adversaires [1]. En Allemagne, d'ailleurs, Schelling en fit un compte-rendu dans le *Journal critique de la philosophie* qu'il publiait en collaboration avec Hégel, et tout en se plaçant à un autre point de vue, se montra presque aussi sévère que les philosophes français. Villers eut beau lui écrire comme justification qu'il avait voulu se mettre à la portée des lecteurs de France pour *lesquels les coulisses et l'art de la cuisine sont les deux points entre lesquels roule l'exercice de leur pensée* (*Coulissen und Kochkunst sind die zwei Angeln aller dortigen Denkübung*), Schelling n'en maintint pas moins le jugement qu'il avait porté, tout en affirmant qu'il n'avait nullement voulu attaquer personnellement l'auteur [2].

On pouvait supposer que Napoléon, alors en lutte avec les idéologues, accueillerait avec joie un ouvrage qui combattait leurs doctrines et proposait, pour les remplacer, une doctrine nouvelle. Villers crut un instant que celui qui avait été comme lui officier d'artillerie, patronnerait son livre. Bonaparte lui en demanda un précis, et on pensa en Allemagne qu'il avait réussi à intéresser *le grand Bonaparte* au

---

[1] *Isler*, p. 270, lettre du 1er août 1802.

[2] *Isler*, p. 242 à 250.

kantisme [1]. Mais Bonaparte trouvait en de Bonald, Châteaubriand et autres défenseurs du catholicisme, des adversaires
bien plus décidés encore de l'idéologie; il n'était pas sûr de
rencontrer dans les partisans d'une philosophie dont l'auteur
était estimé et vanté par ceux qu'il redoutait, un appui aussi
assuré que celui qu'il crut trouver vers 1810 chez Royer-
Collard et ceux qui, avec lui, combattaient le condillacisme
sous toutes ses formes, et le kantisme ne put compter sur sa
protection.

III

L'année même où Villers avait fait paraître la philosophie
de Kant, Le Fèvre traduisait du hollandais l'essai de Kinker
contenant une exposition succincte de la Critique de la
raison pure. Le traducteur s'étonnait que deux nations
justement célèbres, l'Angleterre et la France, n'eussent pas
encore daigné s'occuper d'un système qui venait de révolutionner le monde philosophique, il semblait prendre à son
compte l'opinion de l'auteur des *Mémoires pour servir à
l'histoire du jacobinisme*, que ni la vérité ni l'erreur, cachées
au fond du puits, ne plaisent en France, et considérer la
Philosophie du bon sens de d'Argens comme l'expression de
la pensée nationale. Il affirmait que Kant a seul fourni les
moyens de sortir d'un embarras inextricable, qu'il a, en
s'élançant du point où s'était arrêté le plus profond des
sceptiques modernes (Hume), élevé un édifice nouveau à la
vérité, dont les fondements sont aussi anciens que la raison
même. Quant à lui il s'est uniquement proposé d'aplanir la
voie de la Critique de la raison pure à ceux que préoccupe la
solution de ce problème, *que pouvons-nous savoir ?* en
laissant de côté l'autre question non moins intéressante pour
nous, *que devons-nous faire ?* qui appartient à la Critique de
la raison pratique [2].

[1] *Isler*, p. 70, lettre de Gerstenberg : « *Man hatte mir gesagt, dass sie
so glücklich gewesen wären, Ihrem ehmaligen Freunde und Bekannten, dem
grossen Bonaparte, ein lebhaftes Interesse für die kantische Philosophie
beizubringen.* »

[2] L'ouvrage contient VIII-184 pages, dont onze consacrées à l'in-

L'année suivante, en avril et en mai (7 et 30 floréal an X), Destutt de Tracy lisait à l'Institut un important et curieux mémoire où il prenait pour point de départ la traduction de Le Fèvre, sans négliger toutefois, disait-il, d'étudier Kant dans ses propres ouvrages, du moins dans la version latine, car il n'entendait pas l'allemand. Il relevait les phrases usées, sur la prétendue légèreté des Français et sur le peu de profondeur de leur philosophie, dont s'était servi le traducteur auquel il reconnaissait toutefois un grand mérite. Puis, rapprochant le système allemand de la méthode française, il le faisait passer dans son creuset pour voir si, contre son attente, il soutenait cette épreuve dans son ensemble et dans toutes ses parties et recueillir soigneusement ce qu'en résidu il y trouverait de réellement précieux, pour le réunir à ce que la France possède déjà. Sans s'arrêter à l'obscurité qui est une forte présomption contre le système et qui suffirait pour ensevelir dans l'obscurité une philosophie française, il s'attache à l'étude de l'idéologie de Kant. D. de Tracy se montre fort sévère dans l'appréciation de la doctrine de Kant qui présente, dit-il, une décomposition incomplète et fausse de notre faculté de penser, nous donne une notion très inexacte de notre sensibilité, qui reconnaît en nous des facultés *pures*, prétend nous donner des connaissance *pures* qui sont de purs néants, personnifiés par l'abus des mots et par un emploi vicieux des idées abstraites dont on fait des êtres réels et existants. Et il ne faudrait pas croire qu'il n'y a dans cette critique faite par un philosophe ayant lui-même des idées toutes différentes, que des négations opposées à des affirmations : D. de Tracy a plus d'une fois fort bien aperçu les difficultés que soulève la Critique de la raison pure. Ce qu'il reproche d'ailleurs avant tout à Kant, c'est de chercher à former un vaste système qui embrasse la métaphysique, la morale, la politique, ce qu'il reproche aux philosophes allemands, c'est de professer la doctrine de Kant comme on professe la doctrine théologique de Jésus, de Mahomet ou de Brahma, comme on a été platonicien, stoïcien,

---

troduction, 10 à la faculté de connaître en général, 12 à la sensibilité, 57 à l'entendement et le reste à la raison.

académicien, scotiste, thomiste ou cartésien, au lieu de se
borner, comme les Français, à n'avoir aucun chef de secte, à
observer des faits, à recueillir des vérités sans se presser de
bâtir les systèmes. Il fait remarquer encore, en ce qui concerne
l'étude de l'esprit humain, que les Allemands ne sont pas
suffisamment instruits des nombreuses observations faites
récemment en France pour développer toutes les circons-
tances de nos opérations intellectuelles et les effets des agents
qui agissent sur elles et sur lesquels elles réagissent, de ne
prendre en considération ni nos organes, ni les signes du
langage ni les méthodes de calcul ; ils ne connaissent même
pas Condillac ; ils n'étudient guère que le Traité des sensations
qui forme plutôt un recueil de conjectures qu'une description,
ils ignorent la Grammaire, l'Art de penser, de raisonner, la
Langue des calculs et le Traité des systèmes, chef-d'œuvre
qui réfute à l'avance tout ce qui est fondé sur des idées
abstraites et générales et sur des hypothèses *à priori*. Remar-
quons enfin que D. de Tracy parle de Kant lui-même avec
beaucoup d'estime : c'est un homme dont il respecte les
lumières, un philosophe très distingué, célèbre par un grand
nombre d'ouvrages justement estimés dans beaucoup de
genres, recommandable par un grand zèle pour le progrès des
lumières et pour la propagation des idées saines et libérales,
qui doit avoir de grandes qualités pour avoir acquis en
Allemagne une considération aussi grande et des disciples
aussi habiles et aussi éclairés [1].

En 1802, un Suisse, W.-R. Boddmer, publiait en 160 pages
un ouvrage intitulé, le *Vulgaire et les métaphysiciens ou doutes
et vues critiques sur l'école empirique*, par lequel, en ébranlant
la métaphysique régnante, il voulait engager les Français à
examiner la philosophie transcendante, étonnante par la
hardiesse de ses principes, la profondeur de sa marche, la
fécondité de ses résultats. Sans affirmer que la vérité fût
tout entière dans les ouvrages de Kant, il trouvait du moins
qu'ils auront fait faire des pas immenses dans la science de

[1] Ce mémoire inséré dans le 4ᵉ volume des *Mémoires de l'Institut
national*, qui fut publié en vendémiaire an XI, comprend plus de
60 pages (544 à 606) in-4°.

l'homme. Mais les commentaires et les extraits que l'on a
publiés en France sur la philosophie de Kant lui semblent
absolument insuffisants pour la faire connaître, c'est la Critique de la raison pure elle-même, ce sont tous les autres
ouvrages de ce beau génie qu'il faut étudier et approfondir
dans leur langue propre, pour pouvoir bien connaître son
système. Locke n'a, selon lui, mis dans son exposition des facultés et des opérations intellectuelles, ni précision, ni ordre,
ni méthode, ses principes sont vagues, incohérents et confus.
Condillac est vivement critiqué. Bonnet, *cet immortel génie*,
a donné une théorie absolument insuffisante pour expliquer
le jugement, le raisonnement et la formation des notions.
Degérando, dont le grand et bel ouvrage sur les Signes est
dans les mains de tout le monde, a traité toutes les parties de
la métaphysique, soit dans ses principes, soit dans ses applica-
tions avec autant de profondeur que de génie, il a soulevé un des
coins du voile qui couvrait aux empiristes purs les lois sub-
jectives de la cognition, voile que paraît avoir arraché entièrement la philosophie transcendantale. Toutefois, contraire-
ment aux disciples de Kant qui exigent déjà une foi implicite
en leur chef, il veut qu'avant d'adopter en France les opinions
de la nouvelle doctrine, on les soumette à la critique la plus
rigoureuse et la plus approfondie.

Dans son grand ouvrage, publié en l'an XIII sur l'Histoire
comparée des systèmes de philosophie, Degérando donnait
aux doctrines de Kant et de ses disciples une part telle qu'il
s'exposait, disait-il, à être accusé d'avoir détruit à leur profit
l'harmonie de son œuvre; il vantait l'Allemagne, cette nation
si riche en matériaux de tous genres, Kant, une des têtes les
plus fortes et les plus inventives que l'Allemagne ait pro-
duites, cherchait à justifier la France du reproche que lui
adressaient les Allemands d'ignorer le kantisme, rappelait
que plusieurs de nos hommes les plus distingués avaient lu
les ouvrages des kantiens ou dans les originaux ou dans des
traductions latines, avaient eu des conférences suivies sur la
philosophie critique avec quelques-uns de ses plus éclairés
sectateurs. Il rappelait qu'il avait essayé de la faire connaître
dans son premier ouvrage couronné par l'Institut, qu'il avait

lu ensuite un Mémoire sur ce sujet à l'Institut, que dès l'an VI,
il avait formé le projet de traduire en les annotant, l'analyse
donnée par Kieseweter du Criticisme, la Métaphysique des
mœurs et les Prolégomènes de Kant, que ces traductions
presque achevées avaient passé dans les mains de plusieurs
de ses amis, mais qu'on l'avait détourné généralement de les
mettre au jour. Quand il a commencé l'étude du kantisme, il
a été prévenu en sa faveur par l'opinion d'hommes qui lui
inspirent une profonde estime, aussi n'a-t-il rien négligé pour
découvrir ce qu'il peut contenir d'utile. Il a réuni et consulté
les matériaux suivants : les trois Critiques (2ᵉ édition), les
Prolégomènes, les Éléments métaphysiques de la nature, la
Métaphysique des mœurs, les Écrits détachés, etc., les Commentaires de Schulz, de Schmid, de Kieseweter, les notices ren-
fermées dans les recueils de Fülleborn, deux notices manus-
crites faites par des partisans très éclairés de la philosophie de
Kant. L'exposition donnée par Degérando est considérable :
elle occupe, en y comprenant les systèmes sortis du kantisme,
de Fichte, de Schelling, de Bouterweck, de Bardili, deux chapitres comprenant ensemble 170 pages, c'est-à-dire 20 pages
de plus que ne lui en accordait Villers[1]. Degérando met en
lumière successivement, grâce à de nombreuses citations, les
intentions de Kant, c'est-à-dire le but qu'il a poursuivi et les
problèmes qu'il s'est posés, puis ses méthodes et ses nomen-
clatures, enfin l'application qu'il en a faite ou les résultats
qu'il a obtenus. L'importance des jugements synthétiques *à
priori* dans le système est bien marquée ; le rôle joué par la raison pratique, venant combler les vides immenses causés par
la raison spéculative, et qui est, comme l'a observé Reinhold,
une aile que Kant a prudemment ajoutée à l'édifice dont il
remarquait l'insuffisance, n'a peut-être pas été aussi exac-
tement saisi, l'accusation adressée à Kant d'être tombé dans
l'empirisme, les trois erreurs trouvées dans ce système où les

---

[1] Le volume de Villers est divisé en deux parties : la première comprend des notions préliminaires, la seconde, intitulée Philosophie de
Kant, est consacrée à l'exposition des principes fondamentaux de la
philosophie transcendantale et va de la page 251 à la page 399.

vérités ne sont qu'en germe[1], permettraient sans doute de contester que Degérando ait bien saisi l'œuvre de Kant; mais le même reproche, en admettant qu'il soit fondé, pourrait être fait à plusieurs de ceux qui, en France et en Allemagne, se sont occupés du kantisme et il porte sur l'interprétation plutôt que sur l'exposition du système. Tous ceux qui, après avoir étudié dans les sources la philosophie allemande de 1780 à 1803, liront l'ouvrage de Degérando, conviendront qu'il la fait connaître d'une façon aussi exacte et aussi détaillée qu'on pouvait le souhaiter alors et beaucoup mieux même que plus d'un historien postérieur.

En 1808, Degérando revint sur la philosophie de Kant dans le rapport historique sur les progrès de la philosophie depuis 1789, présenté à l'Empereur par la classe d'histoire et de littérature ancienne de l'Institut. Aucune nation de l'Europe, disait-il, n'a réuni un ensemble aussi complet de travaux sur l'histoire de la philosophie; seule l'Allemagne nous a présenté un brillant système, celui de Kant, qui, sur un problème insoluble, a produit les efforts les plus hardis peut-être que la métaphysique ait tentés depuis Aristote; on a admiré l'ensemble systématique qui unit toutes les parties de sa doctrine, applaudi à une foule d'analyses ingénieuses, d'aperçus féconds, éprouvé une sorte d'enthousiasme pour cette morale stoïque et désintéressée qui bannit du code de nos devoirs tous les calculs de l'égoïsme. En même temps Degérando signalait les travaux de Stapfer, qui avait cherché à mettre la partie la plus épurée de la doctrine de Kant en harmonie avec le christianisme.

En 1805, Prévost, dans ses Essais de philosophie, disait que la philosophie de Kant était connue en France par des abrégés assez clairs et assez bien faits pour qu'on pût en juger, mais que les esprits ne semblaient pas disposés à l'accueillir; il indiquait, dans le cours de son ouvrage, quelques points qui lui paraissaient avoir été bien mis en lumière par Kant. La même année, D. de Tracy, trouvant dans le grand ouvrage

---

[1] Ces deux derniers points se trouvent dans le 3ᵉ volume où les *Considérations sur le criticisme* tiennent près de 50 pages.

de Degérando un respect excessif pour les préjugés popu-
laires que nous croyons, disait-il, peut-être à tort, communs
en Allemagne, et une tendance trop marquée à parler des
Français comme de gens légers, volages, impatients, reculant
à la vue d'un in-4°, très inférieurs à leurs voisins, répondait
à son tour aux disciples de Kant qui accusent les Français
d'ignorer et de dédaigner la doctrine de leur maître : « Beaucoup de personnes parmi nous, disait-il, connaissent les idées de
Kant, *quelques-unes les adoptent;* mais le plus grand nombre
les rejette et les néglige, parce que, cultivant beaucoup l'étude
de l'intelligence humaine, nous pensons en général que
ces idées reposent sur une connaissance très imparfaite de
nos facultés intellectuelles et que nous n'aimons pas à nous
occuper de ce qui nous parait porter sur une base fausse. »
Il est d'ailleurs persuadé que ce sont là précisément les rai-
sons dont se sont servis les amis de Degérando, pour l'engager à ne pas publier les traductions qu'il avait déjà faites[1].
Le jugement porté par D. de Tracy est, dans ses grandes
lignes, accepté par presque tous les idéologues : nous avons
déjà cité celui de Lancelin ; Laromiguière parle du vice de
quelques modernes dont les écrits semblent vouloir faire
revivre la barbarie du moyen âge[2]. Thurot[3] avoue que Kant a
traité quelques-unes des questions les plus difficiles de la
métaphysique avec une sagacité peu commune, mais il ne voit
dans son système que des combinaisons de notions abstraites,
d'autant plus profondes qu'elles sont plus vides. Daunou se
montre plus sévère encore et Portalis n'est guère plus indul-
gent. En revanche, les adversaires des idéologues, ceux qui
cherchent à faire accepter des doctrines nouvelles, en parlent
avec beaucoup d'estime. Châteaubriand le cite, dans le Génie
du christianisme, comme ayant combattu Locke et Condillac,

[1] *Logique*, p. 287 (note).

[2] Ce qui est assez curieux, c'est que prenant Villers à la lettre, s'appuyant en outre sur Stapfer et sur la traduction latine de Schmidt-
Physeldek, il combat Kant comme allant plus loin que Gassendi, Locke
et Condillac (5° éd., II, 160).

[3] Daunou dit de lui que Reid, *Kant*, Platon, Leibnitz, ne lui étaient
pas moins familiers que Condillac, etc.

et demande plus tard à Barchou de Penhoën de le renseigner
sur sa philosophie ; Gall et Spurzheim le louent et acceptent
sa doctrine sur la liberté[1] ; Ampère, dès 1805, discute les
réflexions de M. de Biran avec un Génevois qui est grand
partisan de Kant. En 1812, écrivant à Biran qu'on n'a aucune
idée de Kant si l'on s'en rapporte à Degérando, à Villers ou
à D. de Tracy, il affirme que si Kant s'est trompé dans les
conséquences, il a profondément marqué les faits primitifs
et les lois de l'intelligence humaine[2]. Cuvier, qui avait eu pour
maître Schwab, l'adversaire de Kant, avait cependant promis
à Villers de faire un compte rendu de son ouvrage dans la
Décade et il lui écrit en 1802 pour lui demander ce que pen-
sent les kantistes de ce que l'on fait en France et lui annoncer
que « *nos matérialistes, n'ayant pas voulu des noumènes et de
l'entendement pur, vont être obligés d'avaler la transsubstan-
tiation*[1] » Stapfer cherche à lui gagner des adhérents, écrit
pour la *Biographie universelle* les articles Kant et Villers ; la
Société philosophique fondée dès 1811 compte parmi ses
membres, outre Royer-Collard, M. de Biran et Cousin, Cuvier
qui avait étudié avec Schwab, Ampère, Degérando et Stapfer,
Guizot qui se vantait d'avoir été élevé à l'école de Lessing ;
elle eut plus d'une fois l'occasion d'exposer, de discuter et
d'accepter en tout ou en partie les doctrines de Kant.

Nous arrivons enfin au plus illustre des écrivains qui ont
admiré Kant et l'ont fait admirer, à Mᵐᵉ de Staël.

Dans son livre sur la Littérature, Mᵐᵉ de Staël accusait les
littérateurs allemands de manquer de goût. A Villers, qui le
lui reproche, elle répond, le 1ᵉʳ avril 1802, qu'elle trouve
Locke très conciliable avec Kant ; elle est d'accord absolument
avec lui sur les conséquences qu'il tire du système qui fait
tout dépendre des sensations et qui dégrade l'âme au lieu
de l'élever, mais elle distingue Diderot et Helvétius de Rousseau, de Montesquieu et même de Voltaire en son bon temps.
Quant à Condillac, c'est un homme qui lui paraît avoir par-

[1] Des dispositions innées de l'âme et de l'esprit, 1811, pages 178
et 181.

[2] *B. Saint-Hilaire,* Philosophie des deux Ampère.

[3] *Isler,* p. 60.

faitement raisonné dans la branche de la métaphysique qu'il
a traitée. Elle étudie l'allemand avec soin, sûre que c'est là
seulement qu'elle trouvera des pensées nouvelles et des sen-
timents profonds et que c'est en Allemagne qu'il y a le plus
d'hommes distingués comme philosophes et comme littérateurs. En novembre, elle lit le Mémoire de Degérando, qui a
remporté le prix à Berlin et l'admire beaucoup ; elle envoie
Delphine à Villers, qui lit l'ouvrage en dix-huit heures et
place Mme de Staël parmi les génies inspirés et créateurs.
En juillet 1803, Michaux apporte les *Lettres Westphaliennes*
à Mme de Staël, qui les parcourt avec beaucoup d'intérêt et
écrit à Villers qu'elle a fort envie de faire un voyage en Allemagne. Elle arrive à Metz, où se trouvait Villers, le 26 octobre et y reste jusqu'au 8 novembre ; elle lit *Richter* qui, à
travers mille niaiseries, a des mots charmants, mais elle
trouve l'extérieur allemand bien peu esthétique. Elle est
triste à Francfort, il lui semble que tout en Allemagne ressemble à ce qu'elle a entendu dans une auberge, à un concert
dans une chambre enfumée, qu'il y a de la poésie dans l'âme,
mais aucune élégance dans les formes. Sa fille est malade et
lui inspire de vives inquiétudes ; puis elle arrive à Weimar:
l'Allemagne lui plaît beaucoup plus, parce qu'en Saxe les
hommes supérieurs sont plus généralement répandus. Herder
est mourant, Goethe ne sera là que dans huit jours, Schiller
lui paraît le plus kantiste des poètes, ils se sont déjà dis-
putés sans savoir leurs langues mutuelles et son esprit l'a
frappé autant qu'il est possible ; Wieland est en coquetterie
avec elle, le duc et sa femme la comblent de bontés, Jacobi
lui écrit pour lui demander un rendez-vous dans quelque
ville d'Allemagne et la prie *d'impatroniser l'Allemagne en
France*. Enfin, le 28 décembre 1803, elle écrit qu'elle est bien
changée sur l'Allemagne depuis qu'elle est à Weimar ; elle
passe sa vie avec Goethe, Schiller et Wieland : certaine-
ment des hommes plus distingués ne se trouvent nulle part
et elle est très près de s'entendre avec eux sur tous les points[1].
L'ouvrage sur l'Allemagne, pour lequel elle doit beaucoup

[1] *Isler*, op. cit.

c

aux Schlegel, à Fauriel, à Humboldt, est terminé, soumis à
la censure et imprimé quand Savary, le ministre de la
police, fait détruire, en 1810, toute l'édition par les gen-
darmes et réclamer le manuscrit : six années d'études et de
travaux, écrivait-elle à Villers, devaient être détruites dans
un instant. Quand le livre parut à Londres, vers la fin de
1813, l'Allemagne tout entière s'était levée avec un enthousiasme héroïque et avait prouvé ainsi à Mme de Staël qu'elle
était une nation, mais Mme de Staël souffrait de voir les Anglais,
qu'elle admirait, haïr notre pays, elle avait pitié de la France
et ne pouvait sans douleur voir les Cosaques à Paris, vingt-
cinq ans d'efforts considérés comme vingt-cinq ans de crimes,
les progrès de l'esprit humain condamnés et la tyrannie
méprisée comme un parvenu, qu'il faut remplacer par un
grand seigneur, le despotisme. Du livre bien connu qui mit
en relief les plus beaux côtés de l'Allemagne, sa littérature,
ses arts, sa philosophie et sa morale, mais qui laissait dans
l'ombre ce que l'auteur avait appelé d'abord la chambre
enfumée et ce qu'on a justement nommé les tendances natu-
ralistes et réalistes des Allemands, nous n'avons que peu de
choses à signaler en ce qui concerne Kant. Il est présenté
comme le successeur naturel de Leibnitz, comme ayant passé
sa vie entière à méditer les lois de l'intelligence humaine,
comme ayant acquis des connaissances sans nombre, comme
ayant un esprit fin et juste qui servait de censeur au génie,
quand il se laissait emporter trop loin. Elle dit, à propos de la
Critique de la raison pure, que lorsqu'on découvrit les trésors
d'idées qu'elle renferme, elle produisit une telle sensation
en Allemagne que presque tout ce qui s'est fait depuis, en
littérature comme en philosophie, vient de l'impulsion donnée
par cet ouvrage. S'il peut d'ailleurs exister deux manières de
voir sur ce premier ouvrage de Kant, il est impossible de ne pas
lire avec respect la Critique de la raison pratique et les différents écrits qu'il a composés sur la morale : les principes en
sont austères et purs et l'évidence du cœur y est unie à celle
du sentiment. La partie polémique de ses ouvrages, celle
dans laquelle il attaque le matérialisme serait à elle seule un
chef d'œuvre; si son style mérite, dans la Critique de la rai-

son pure, tous les reproches qu'on lui a faits, il est, quand il
parle des arts et surtout de la morale, presque partout
parfaitement clair, énergique et simple : « Combien sa
doctrine paraît admirable, comme il exprime le sentiment
du beau et l'amour du devoir ! avec quelle force il les
sépare tous deux de tout calcul d'intérêt ou d'utilité !
Comme il ennoblit les actions par leur source et non par
leur succès ! enfin quelle grandeur morale ne sait-il pas
donner à l'homme, soit qu'il l'examine en lui-même, soit
qu'il le considère dans ses rapports extérieurs, l'homme, cet
exilé du ciel, ce prisonnier de la terre, si grand comme
exilé, si misérable comme captif ! ». Ce qui lui plaît surtout
dans Kant, c'est qu'il a relevé la dignité morale, en donnant
pour base à tout ce qu'il y a de beau dans le cœur une théorie
fortement raisonnée, c'est qu'il commente la loi suprême du
devoir avec une chaleur vraie, avec une éloquence animée.

IV

L'histoire du kantisme en France, à partir de 1814, est
bien connue. Il suffit de rappeler les noms de Cousin, de
Massias, de Barchou de Penhoën, de Willm, de Tissot, de
Barni, de Paul Janet, de Renouvier qui a réussi à faire adopter,
par bon nombre de nos contemporains, un criticisme modifié
par l'étude de Hume.

Nous croyons, pour la période antérieure, avoir montré
l'inexactitude radicale de l'opinion généralement admise. Le
kantisme a été connu, enseigné et discuté à Strasbourg dès
1773 ; on a songé à le transplanter en France immédiate-
ment après la Terreur ; Grégoire, dont l'influence à cette époque était considérable, a encouragé ceux qui avaient conçu ce
projet ; Sieyès lui-même a, dès 1796, l'idée de le faire connaître ; les Mémoires de l'Académie de Berlin qui, écrits en
français, étaient beaucoup lus dans notre pays, ont permis,
dès 1792, d'en aborder indirectement l'étude ; on traduisait en
1796 les Observations sur le sentiment du beau et du sublime,
en 1793 le Projet d'un traité de paix perpétuelle, deux ans

plus tard la Religion dans les limites de la raison ; Degérando
préparait des traductions plus importantes, exposait et critiquait le kantisme en 1799, en 1801, en 1805, en 1808 ; B.
Constant l'attaquait en 1797 ; la Décade présentait à la même
époque Kant comme un philosophe digne d'être étudié. Fr.
de Neufchâteau publie en 1800 une esquisse qui pourrait
être acceptée aujourd'hui en grande partie par les criticistes ; Villers l'oppose à la philosophie régnante et pro-
voque un nouvel examen de la doctrine auquel se livrent la
Décade et D. de Tracy, Degérando et Mercier. Prévost en 1797
et en 1805, Boddmer, en 1802, contribuent, comme le poète
Kinker, traduit par Le Fèvre, à appeler l'attention sur Kant ;
D. de Tracy, Laromiguière l'étudient dans les versions
latines ; Ampère lui fait des emprunts et engage Biran à le
lire ; Stapfer en fait un auxiliaire du christianisme ; Châteaubriand et Gall le citent, Mme de Staël le célèbre avec enthousiasme et le met à côté de Schiller et de Goethe. Nous nous
demandons si l'on pourrait, vingt ans après l'apparition des
œuvres capitales d'un Comte, d'un Spencer, d'un Darwin,
trouver en Allemagne autant d'hommes célèbres à des titres
si divers, qui aient tenté de les comprendre, autant de travaux importants qui aient eu pour but de faire connaître,
d'apprécier les doctrines nouvelles, de mettre même en relief
la valeur du penseur dont les conclusions auraient été combat-
tues comme inexactes. Et cependant les contemporains de
ces trois penseurs n'ont pas été mêlés à des événements aussi
terribles et aussi peu propices à la spéculation que ceux dont
ont été témoins les hommes qui vécurent de 1789 à 1814 !

F. Picavet.

Mai 1888.

CRITIQUE
DE
LA RAISON PRATIQUE

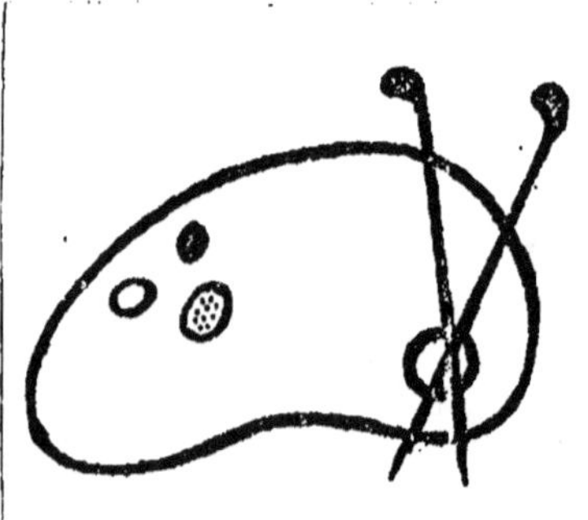

Original en couleur
NF Z 43-120-8